어휘력과 표현력이 쑥쑥

삼행시 따라 쓰기

어휘력과 표현력이 쑥쑥

삼행시 따라쓰기

읽고 쓰고 생각하면

이제 나도 시인이에요!

글 김응 | 그림 나티

하늘을 나는교실

나의 첫 시 쓰기

시 쓰기는 시인인 나도 어려워요.
너무 잘 쓰려고 하거나
진짜 대단한 걸 쓰려고 하면
머릿속이 까매지고 생각들이 달아나거든요.
그런데 시 쓰기가 숙제라면!
걱정이 마구마구 몰려온답니다.

나는 시 쓰기를 놀이라고 생각하기로 했어요.
그랬더니 어려운 낱말도 쉬운 낱말도
재미있는 장난감이 되지 뭐예요.

문득 나의 첫 시 쓰기를 떠올려봤어요.
내가 시인이 되기 전에
시를 알아가고 시를 써 보고 싶을 때요!
내가 가장 먼저 한 것은
시인 선생님들의 시를 따라 쓰는 거였어요.

내가 좋아하는 시,
서점이나 도서관에서 만난 시,
오늘 내 마음에 들어온 시.
한 권을 모두 따라 쓰고 나면
나에게도 시 한 편을 지을 힘이 생겼죠.

이 책에 담은 삼행시들은 숙제가 아닌
놀이처럼 지은 것들이에요.
우리는 잘 놀아야 잘 먹고 잘 자고
잘 자랄 수 있으니까요.

이 책이 여러분의 첫 '시 쓰기' 친구가 되면 좋겠어요.
시랑 신나게 놀며 꿈을 키워 보세요.
여러분 마음속 딱 한 글자 '시'가
세상을 더 넓게 비춰 줄 테니까요.

시 쓰기 딱 좋은 날에

김응

• 차례 •

1부

고소하고 달콤한

2부

우리 함께한 시간

3부

차근차근 천천히

• 이 책을 보는 방법 •

★ 표제어와 삼행시

책가방

책을 읽는 시간은
가장 깊고 넓은 여행
방방곡곡 누빌 수 있어

★ 표제어 또는 삼행시를 그림으로 표현했어요.

★ 표제어와 삼행시를 눈으로 먼저 읽어요.
★ 입으로 소리 내어 읽으면서 리듬감을 느껴 보세요.
★ 그림을 보면서 '무엇을 표현한 걸까?' 상상해 보아요.

★ 첫음절에 표제어를 포함했어요.

삼행시를 읽고 따라 써 보아요.

책	책을 읽는 시간은
가	가장 깊고 넓은 여행
방	방방곡곡 누빌 수 있어

책	
가	
방	

나만의 삼행시를 새로 만들어 보아요.

책	책상 위에 둔
가	가위랑 풀이랑 노트가
방	방학이 되니까 사라졌어

★ 나만의 특별한 삼행시를 새로 만들어 보아요.

76 | 77

★ 삼행시를 예쁜 글씨로 따라 써 보아요.
쓰는 동안 헷갈리지 않도록 첫음절에 표제어를 포함했어요.

★ 줄 노트에 삼행시를 써 보아요.
천천히 또박또박 바른 글씨로 써 보아요.

★ 나만의 삼행시를 새로 만들어 보아요.
나의 생각과 감정, 경험을 떠올린 다음 나만의 삼행시를 써 보아요.

1부

고소하고 달콤한

바나나

바다가 보고 싶어
나무에도 올라가고 싶어
나는 하고 싶은 게 많아

삼행시를 읽고 따라 써 보아요.

바	바다가 보고 싶어
나	나무에도 올라가고 싶어
나	나는 하고 싶은 게 많아

바	
나	
나	

나만의 삼행시를 새로 만들어 보아요.

바	
나	
나	

떡볶이

떡을 잘라 잘라
볶아요 막 볶아
이렇게 맛 좋게요

삼행시를 읽고 따라 써 보아요.

떡	떡을 잘라 잘라
볶	볶아요 막 볶아
이	이렇게 맛 좋게요

떡	
볶	
이	

나만의 삼행시를 새로 만들어 보아요.

떡	
볶	
이	

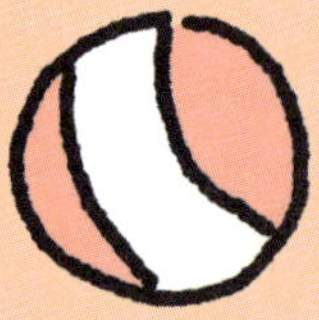

고구마

고소하고 달콤한
구슬처럼 둥근 사탕
마지막 하나는 나눠 먹자

삼행시를 읽고 따라 써 보아요.

고	고소하고 달콤한
구	구슬처럼 둥근 사탕
마	마지막 하나는 나눠 먹자

고	
구	
마	

나만의 삼행시를 새로 만들어 보아요.

고	
구	
마	

복숭아

복이 마구 굴러 들어와요
숭숭 뚫린 마음으로
아직 남았으니 닫지 마요

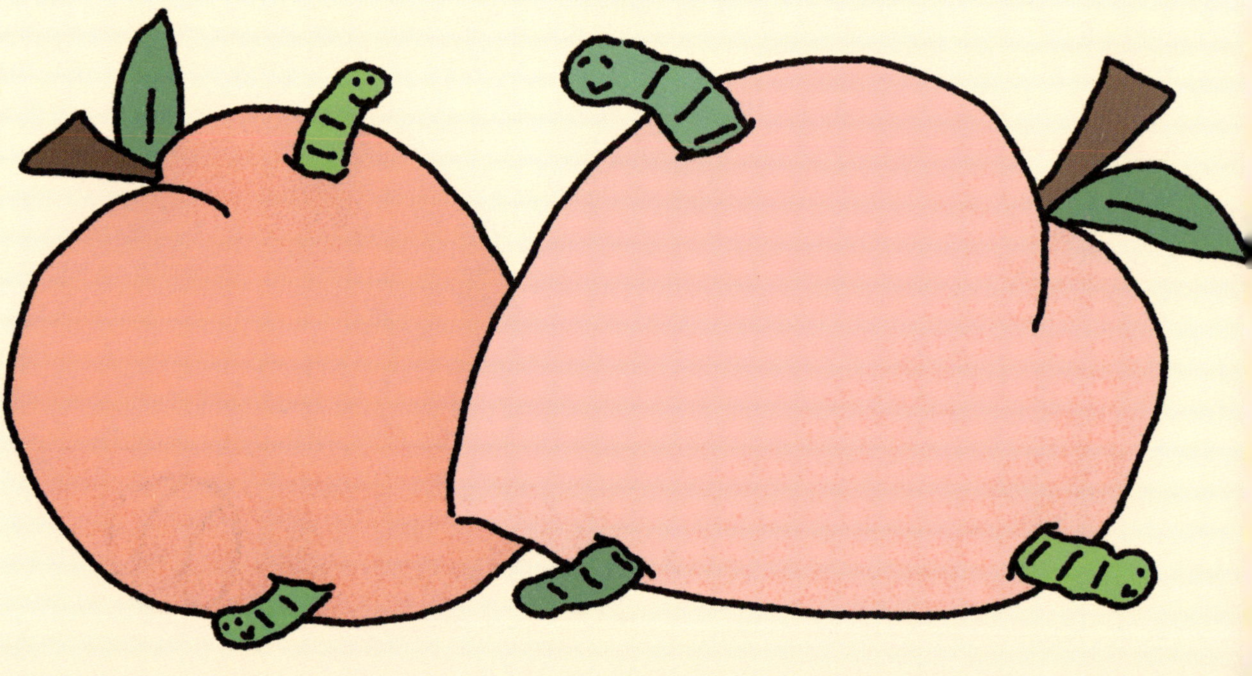

삼행시를 읽고 따라 써 보아요.

복	복이 마구 굴러 들어와요
숭	숭숭 뚫린 마음으로
아	아직 남았으니 닫지 마요

복	
숭	
아	

나만의 삼행시를 새로 만들어 보아요.

복	
숭	
아	

사이다

사랑이 점점 커져서
이 세상을 가득 채우면
다 같이 놀고 싸울 일도 없어

삼행시를 읽고 따라 써 보아요.

사	사랑이 점점 커져서
이	이 세상을 가득 채우면
다	다 같이 놀고 싸울 일도 없어

사	
이	
다	

나만의 삼행시를 새로 만들어 보아요.

사	
이	
다	

깍두기

깍지 끼고 기지개를 켜니
두려운 마음이 사라지고
기운이 불끈불끈 솟았어

삼행시를 읽고 따라 써 보아요.

깍	깍지 끼고 기지개를 켜니
두	두려운 마음이 사라지고
기	기운이 불끈불끈 솟았어

깍	
두	
기	

나만의 삼행시를 새로 만들어 보아요.

깍	
두	
기	

고사리

고장 난 시계처럼
사르르 힘이 빠질 때면
리듬에 맞춰 춤을 추자

삼행시를 읽고 따라 써 보아요.

고	고장 난 시계처럼
사	사르르 힘이 빠질 때면
리	리듬에 맞춰 춤을 추자

고	
사	
리	

나만의 삼행시를 새로 만들어 보아요.

고	
사	
리	

토스트

토요일에 우리 꼭 만나자

스트레스 날려 버리게

트라이앵글 치며 노래하자

삼행시를 읽고 따라 써 보아요.

토	토요일에 우리 꼭 만나자
스	스트레스 날려 버리게
트	트라이앵글 치며 노래하자

토	
스	
트	

나만의 삼행시를 새로 만들어 보아요.

토	
스	
트	

코딱지

코코아는 따뜻해 달콤해
딱딱한 마음도 녹이고
지친 마음도 달래 주거든

삼행시를 읽고 따라 써 보아요.

코	코코아는 따뜻해 달콤해
딱	딱딱한 마음도 녹이고
지	지친 마음도 달래 주거든

코	
딱	
지	

나만의 삼행시를 새로 만들어 보아요.

코	
딱	
지	

방학식

방귀 잘 뀌는 내 동생
학교에서도 신나게 뿡뿡
식당에서도 맛나게 뿡뿡

삼행시를 읽고 따라 써 보아요.

방	방귀 잘 뀌는 내 동생
학	학교에서도 신나게 뿡뿡
식	식당에서도 맛나게 뿡뿡

방	
학	
식	

나만의 삼행시를 새로 만들어 보아요.

방	
학	
식	

콩나물

콩콩 뛰는 뜨거운 마음
나도 모르게 얼굴도 화끈
물속으로 첨벙 들어갈래

삼행시를 읽고 따라 써 보아요.

콩	콩콩 뛰는 뜨거운 마음
나	나도 모르게 얼굴도 화끈
물	물속으로 첨벙 들어갈래

콩	
나	
물	

나만의 삼행시를 새로 만들어 보아요.

콩	
나	
물	

꿈나라

꿈꾸는 시간은 즐거워
나는 배도 고파지더라
라면 후루룩 먹고 싶어

삼행시를 읽고 따라 써 보아요.

꿈	꿈꾸는 시간은 즐거워
나	나는 배도 고파지더라
라	라면 후루룩 먹고 싶어

꿈	
나	
라	

나만의 삼행시를 새로 만들어 보아요.

꿈	
나	
라	

2부

우리 함께한 시간

지우개

지우지 말자
우리 함께한 시간
개나리처럼 고운 날들

삼행시를 읽고 따라 써 보아요.

지	지우지 말자
우	우리 함께한 시간
개	개나리처럼 고운 날들

지	
우	
개	

나만의 삼행시를 새로 만들어 보아요.

지	
우	
개	

손글씨

손으로 꾹꾹 눌러
글썽글썽한 눈물을 닦아
씨앗 같은 눈물방울들

삼행시를 읽고 따라 써 보아요.

손	손으로 꾹꾹 눌러
글	글썽글썽한 눈물을 닦아
씨	씨앗 같은 눈물방울들

손	
글	
씨	

나만의 삼행시를 새로 만들어 보아요.

손	
글	
씨	

무지개

무지무지 귀여워서
지금 생각해도 웃긴
개구쟁이 같은 너

삼행시를 읽고 따라 써 보아요.

무	무지무지 귀여워서
지	지금 생각해도 웃긴
개	개구쟁이 같은 너

무	
지	
개	

나만의 삼행시를 새로 만들어 보아요.

무	
지	
개	

청바지

청소 시간에는 청소를

바지런히 쓱쓱 하자

지치면 함께 아자아자

삼행시를 읽고 따라 써 보아요.

청	청소 시간에는 청소를
바	바지런히 쓱쓱 하자
지	지치면 함께 아자아자

청	
바	
지	

나만의 삼행시를 새로 만들어 보아요.

청	
바	
지	

강아지

강한 척하지 않아도 돼
아기 같이 울어도 돼
지금 하고 싶은 대로 해

삼행시를 읽고 따라 써 보아요.

강	강한 척하지 않아도 돼
아	아기 같이 울어도 돼
지	지금 하고 싶은 대로 해

강	
아	
지	

나만의 삼행시를 새로 만들어 보아요.

강	
아	
지	

눈송이

눈이 펑펑 쏟아져요
송이송이 눈꽃송이
이처럼 어여쁜 꽃이라니!

삼행시를 읽고 따라 써 보아요.

눈	눈이 펑펑 쏟아져요
송	송이송이 눈꽃송이
이	이처럼 어여쁜 꽃이라니!

눈	
송	
이	

나만의 삼행시를 새로 만들어 보아요.

눈	
송	
이	

장난감

장갑을 한 짝씩 나눠 끼면
난로만큼 따뜻해져
감기도 뚝 떨어질 거야

삼행시를 읽고 따라 써 보아요.

장	장갑을 한 짝씩 나눠 끼면
난	난로만큼 따뜻해져
감	감기도 뚝 떨어질 거야

장	
난	
감	

나만의 삼행시를 새로 만들어 보아요.

장	
난	
감	

공놀이

공을 뻥 차고 또 차고
놀이터를 뱅글뱅글 돌고
이러면 걱정도 날아가지

삼행시를 읽고 따라 써 보아요.

공	공을 뻥 차고 또 차고
놀	놀이터를 뱅글뱅글 돌고
이	이러면 걱정도 날아가지

공	
놀	
이	

나만의 삼행시를 새로 만들어 보아요.

공	
놀	
이	

피아노

피구는 재빨라야 해
아주 날쌔게 움직여야
노려보던 공을 피하지

삼행시를 읽고 따라 써 보아요.

피	피구는 재빨라야 해
아	아주 날쌔게 움직여야
노	노려보던 공을 피하지

피	
아	
노	

나만의 삼행시를 새로 만들어 보아요.

피	
아	
노	

달리기

달콤한 선물을 주고 싶어서
리본도 더 예쁘게 묶었어
기운 내자, 친구야!

삼행시를 읽고 따라 써 보아요.

달	달콤한 선물을 주고 싶어서
리	리본도 더 예쁘게 묶었어
기	기운 내자, 친구야!

달	
리	
기	

나만의 삼행시를 새로 만들어 보아요.

달	
리	
기	

오징어

오늘은 크리스마스 날
징글벨 울리며 노래하자
어서 모여 눈썰매 타자

삼행시를 읽고 따라 써 보아요.

오	오늘은 크리스마스 날
징	징글벨 울리며 노래하자
어	어서 모여 눈썰매 타자

오	
징	
어	

나만의 삼행시를 새로 만들어 보아요.

오	
징	
어	

교과서

교실 속 우리는 하나
과자 하나도 나눠 먹는
서로가 있어 좋은 우리

삼행시를 읽고 따라 써 보아요.

교	교실 속 우리는 하나
과	과자 하나도 나눠 먹는
서	서로가 있어 좋은 우리

교	
과	
서	

나만의 삼행시를 새로 만들어 보아요.

교	
과	
서	

3부

차근차근 천천히

개학날

개구멍으로 가지 마
학교 갈 때는 교문으로
날마다 씩씩하게

삼행시를 읽고 따라 써 보아요.

개	개구멍으로 가지 마
학	학교 갈 때는 교문으로
날	날마다 씩씩하게

개	
학	
날	

나만의 삼행시를 새로 만들어 보아요.

개	
학	
날	

문방구

문을 열면 웃음이 나
방글방글 마구마구
구석구석 탐험이 시작돼

삼행시를 읽고 따라 써 보아요.

문	문을 열면 웃음이 나
방	방글방글 마구마구
구	구석구석 탐험이 시작돼

문	
방	
구	

나만의 삼행시를 새로 만들어 보아요.

문	
방	
구	

운동화

운이 좋은 날에는
동그란 마음으로
화분에 물을 주자

삼행시를 읽고 따라 써 보아요.

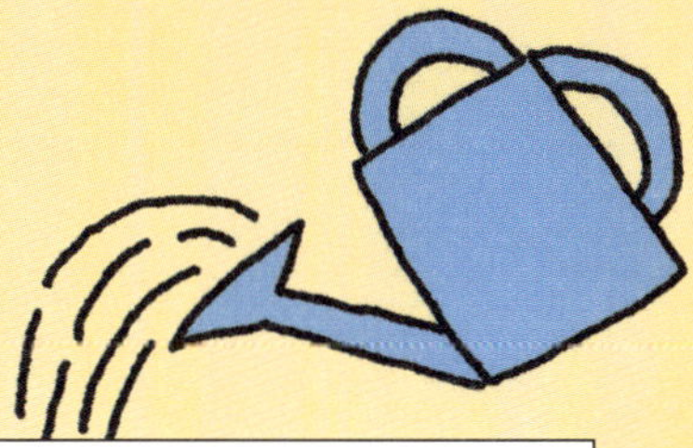

운	운이 좋은 날에는
동	동그란 마음으로
화	화분에 물을 주자

운	
동	
화	

나만의 삼행시를 새로 만들어 보아요.

운	
동	
화	

선풍기

선물 뭐 받고 싶어?

풍선껌이 좋아

기다랗고 커다랗게 불고 싶어

삼행시를 읽고 따라 써 보아요.

선	선물 뭐 받고 싶어?
풍	풍선껌이 좋아
기	기다랗고 커다랗게 불고 싶어

선	
풍	
기	

나만의 삼행시를 새로 만들어 보아요.

선	
풍	
기	

고양이

고민이 많은 날에는
양말을 벗어던지고
이를 쓱쓱 닦고 자 버려

삼행시를 읽고 따라 써 보아요.

고	고민이 많은 날에는
양	양말을 벗어던지고
이	이를 쓱쓱 닦고 자 버려

고	
양	
이	

나만의 삼행시를 새로 만들어 보아요.

고	
양	
이	

곰돌이

곰곰이 생각만 한 날은
돌멩이가 된 것 같아
이대로 진짜 돌이 되면 어떡해

삼행시를 읽고 따라 써 보아요.

곰	곰곰이 생각만 한 날은
돌	돌멩이가 된 것 같아
이	이대로 진짜 돌이 되면 어떡해

곰	
돌	
이	

나만의 삼행시를 새로 만들어 보아요.

곰	
돌	
이	

엉덩이

엉엉 울고 싶으면 울어
덩실덩실 춤춰도 좋아
이제 마음대로 해도 돼

삼행시를 읽고 따라 써 보아요.

엉	엉엉 울고 싶으면 울어
덩	덩실덩실 춤춰도 좋아
이	이제 마음대로 해도 돼

엉	
덩	
이	

나만의 삼행시를 새로 만들어 보아요.

엉	
덩	
이	

책가방

책을 읽는 시간은
가장 깊고 넓은 여행
방방곡곡 누빌 수 있어

삼행시를 읽고 따라 써 보아요.

책	책을 읽는 시간은
가	가장 깊고 넓은 여행
방	방방곡곡 누빌 수 있어

책	
가	
방	

나만의 삼행시를 새로 만들어 보아요.

책	
가	
방	

자동차

자신이 없을 때 말해요
동그랗게 입을 모으고
차근차근 천천히

삼행시를 읽고 따라 써 보아요.

자	자신이 없을 때 말해요
동	동그랗게 입을 모으고
차	차근차근 천천히

자	
동	
차	

나만의 삼행시를 새로 만들어 보아요.

자	
동	
차	

물고기

물속을 헤엄치다 보면
고민이 사라락 사라지지
기적이 일어날지도 몰라

삼행시를 읽고 따라 써 보아요.

물	물속을 헤엄치다 보면
고	고민이 사라락 사라지지
기	기적이 일어날지도 몰라

물	
고	
기	

나만의 삼행시를 새로 만들어 보아요.

물	
고	
기	

비행기

비가 내리는 날에는
행복한 시간을 그려 봐
기분 좋은 무지개가 뜨거든

삼행시를 읽고 따라 써 보아요.

비	비가 내리는 날에는
행	행복한 시간을 그려 봐
기	기분 좋은 무지개가 뜨거든

비	
행	
기	

나만의 삼행시를 새로 만들어 보아요.

비	
행	
기	

색연필

색깔 연필들이 모인
연분홍 지우개가 있는
필통 나라로 초대할게

삼행시를 읽고 따라 써 보아요.

색	색깔 연필들이 모인
연	연분홍 지우개가 있는
필	필통 나라로 초대할게

색	
연	
필	

나만의 삼행시를 새로 만들어 보아요.

색	
연	
필	

어휘력과 표현력이 쑥쑥

삼행시 따라 쓰기

초판 1쇄 발행 2026년 1월 31일

지은이 김응
그린이 나티
펴낸이 한승수
펴낸곳 하늘을나는교실

편집 구본영
마케팅 박건원, 김홍주
디자인 이새봄

등록번호 제395-2009-000086호
주소 서울특별시 마포구 동교로 27길 53, 309호
전화 02 338 0084
팩스 02 338 0087
메일 moonchusa@naver.com

ISBN 978-89-94757-77-3 73810

어린이제품안전특별법에 의한 제품 표시
제조자명 하늘을나는교실 | **제조년월** 2025년 12월 | **제조국** 대한민국 | **사용연령** 6세 이상 어린이 |
제품 주소 및 연락처 서울시 마포구 동교로 27길 53 지남빌딩 309호 (02)338-0084